3 MAI 1902

V
D

VENTE

Du Samedi 3 Mai 1902

HOTEL DROUOT, SALLE N° **11**

à 3 heures très précises

TABLEAUX

ANCIENS

Me LÉON TUAL, commissaire-priseur
M. CH. BELVAL, expert

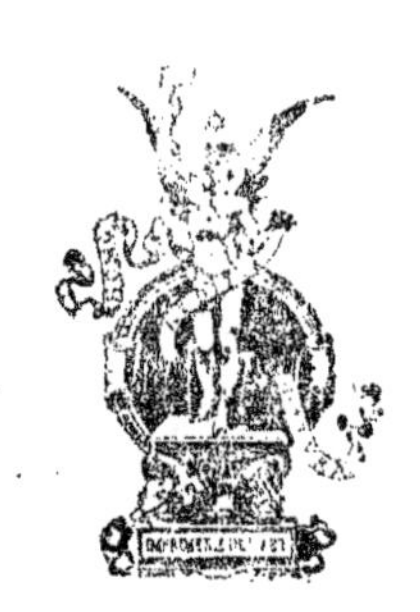

CATALOGUE

DE

TABLEAUX ANCIENS

DES ÉCOLES

ANGLAISE, FRANÇAISE, FLAMANDE ET HOLLANDAISE

DES XVIIe ET XVIIIe SIÈCLES

Par et d'après

DE BRAY, DEQUOY, DIAZ, LA HYRE, LANCRET, LARGILLIÈRE, LE BRUN,
PRUDHON, RIGAUD, VAN LOO CARLE, LAWRENCE, OPIE JOHN,
REYNOLDS, VAN BAELEN, BISSCHOP, VAN DYCK, FRANCK, VAN DER HEYDEN,
HOREMANS, JORDAENS, MATHYSSENS, VAN MIÉRIS,
NETSCHER, VAN OS, VAN OSTADE, PEPYN, RUBENS, CORNEILLE SCHUT,
SCHOEP, SNAYERS, SCHOVAERT, VAN SON, D. TENIERS,
VAN THULDEN, VAN UTRECHT, ASSELYN, BEGA, NICOLAS BERCHEM, DROOGSLOOT,
FAES, HOBBEMA, MOLENAER, VAN DER NEER,
PARCELLIS, RUISDAEL, STAFLEVEN, TERBURG, VAN DE VELDE, ETC.

DONT LA VENTE AURA LIEU

HOTEL DROUOT, SALLE N° 11

Le Samedi 3 Mai 1902

à 3 heures très précises

COMMISSAIRE-PRISEUR	EXPERT
Me LÉON TUAL	**M. CH. BELVAL**
56, rue de la Victoire	6, rue Saint-Georges

EXPOSITION PUBLIQUE

Le Vendredi 2 Mai 1902, de 1 heure 1/2 à 5 heures 1/2

CONDITIONS DE LA VENTE

Elle sera faite au comptant.

Les acquéreurs paieront *dix pour cent* en sus des prix d'adjudication.

N. B. — L'exposition permettant au public de juger de l'état des tableaux, il ne sera admis aucune réclamation après le prononcé de l'adjudication.

Paris. — Imp. de l'Art, E. Moreau et Cie, 41, rue de la Victoire.

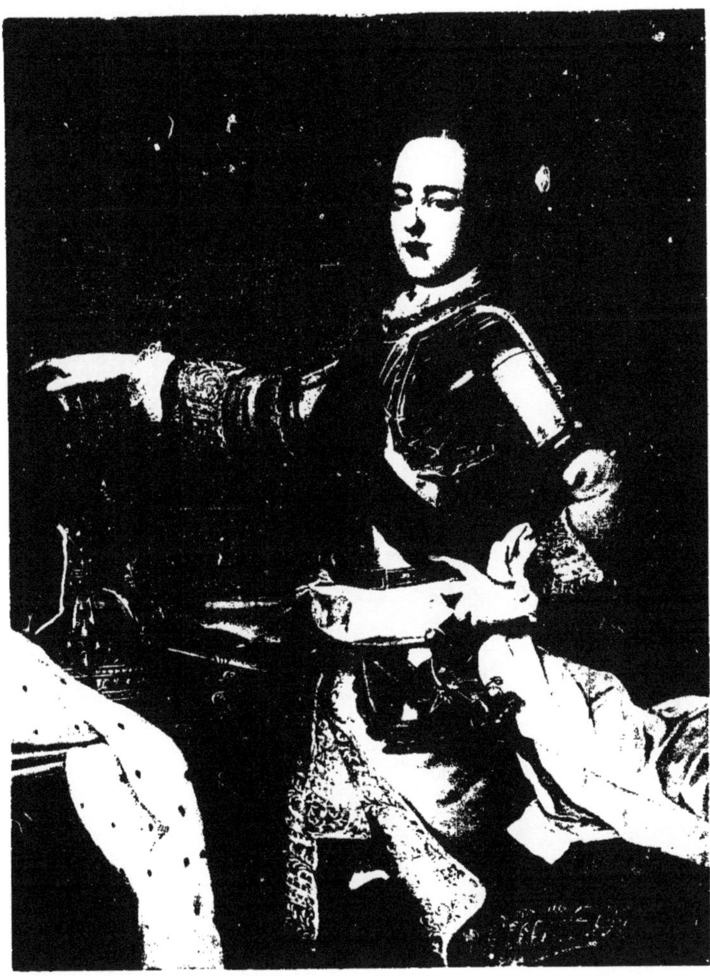

21

Phototypie Berthaud, Paris

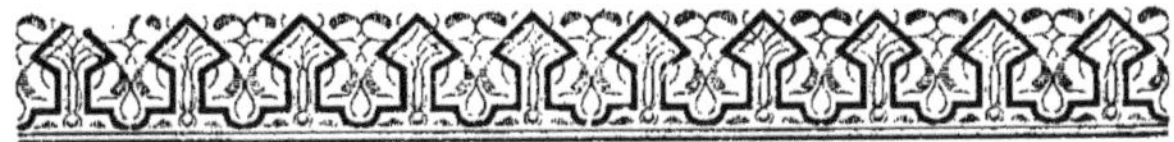

DÉSIGNATION

ÉCOLE ANGLAISE

(1795)

1 — *Portrait de Femme en costume de l'époque.*

Toile. Haut., 64 cent.; larg., 52 cent.

LAWRENCE (Thomas)

(École anglaise, 1769-1830)

2 — *Portrait de la Duchesse de Kent.*

Toile. Haut., 1 m. 23 cent.; larg., 87 cent.

OPIE (John)

(École anglaise)

3 — *Portrait d'Homme.*

Toile. Haut., 76 cent.; larg., 62 cent.

REYNOLDS (Sir Josué)

(École anglaise, XVIIIe siècle)

4 — *Portrait présumé de Sir Richard-O'Brien.*

Toile. Haut., 76 cent.; larg., 63 cent.

DE BRAY

5 — *Portrait d'Homme.*

DEQUOY

(Peintre attaché aux Gobelins)
(École française, 1739)

6 — *Portrait de Gentilhomme.*

Toile. Haut., 47 cent.; larg., 39 cent.

DIAZ DE LA PENA (N.)

(École française, XIXe siècle)

7 — *Fleurs.*

Signé à droite.

Toile. Haut., 47 cent.; larg., 61 cent.

ÉCOLE FRANÇAISE (XVIIIe siècle)

8 — *Portrait de Jeune Femme.*

Ovale.

HYRE (L. DE LA)

(École française, XVIIe siècle)

9 — *Sujet mythologique.*

Toile. Haut., 22 cent.; larg., 38 cent.

ÉCOLE FRANÇAISE

(Fin du XVIIe siècle)

10 — *Portrait présumé du Maréchal de Mirepoix en armure.*

Toile. Haut., 85 cent.; larg., 72 cent.

INCONNU

(École française, 1830)

11 — *Portrait d'Homme.*

Toile. Haut., 75 cent.; larg., 63 cent.

INCONNU

(École française, XVIIIe siècle)

(PENDANTS)

12 — *Deux petits Portraits.*

Chacun. Bois. Haut., 17 cent.; larg., 13 cent.

INCONNU

(École française, XVIIe siècle)

13 — *Jeune Femme assise; derrière elle, une femme âgée lui parle.*

LANCRET (D'après NICOLAS)

(Ecole française, 1690-1743)

14 — *Société dans un Parc.*

Bois. Haut., 63 cent.; larg., 75 cent.

LARGILLIÈRE (Attribué à NIC)

(École française, XVIIe siècle)

15 — *Portrait de Dame.*

Toile. Haut., 85 cent.; larg., 68 cent.

LEBRUN (Attribué à CH.)

(École française, 1619-1690)

16 — *La Duchesse de La Vallière renonçant au monde avant son entrée dans les ordres.*

Toile. Haut., 75 cent.; larg., 55 cent.

PANINI (Attribué à)

(École française, XVIIe siècle)

17 — *Halte de Chasse devant une ruine.*

Toile. Haut., 67 cent.; larg., 55 cent.

PRUD'HON (Pierre)

(École française, 1758-1823)

18 — *Portrait de Femme de la Révolution.*

Buste.

Toile. Haut., 47 cent.; larg., 35 cent.

RIGAUD (Attribué à H.)

(Ecole française, XVIIe siècle)

19 — *Portrait d'un Gentilhomme en armure et cravaté de dentelle.*

Toile. Haut., 39 cent.; larg., 30 cent.

SAUVAGE (Attribué à)

(Ecole française, XVIIIe siècle)

20 — *Esquisse pour un plafond, présentant des amours.*

Haut., 52 cent.; larg., 60 cent.

VAN LOO (Carle)

(École française, 1705-1765)

21 — *Portrait de Louis XV jeune.*

Représenté jusqu'aux genoux, trois quarts de face, debout, tourné à gauche; il porte une riche cuirasse sur un habit de couleur havane brodé d'argent; sa main gauche s'appuie sur la hanche, sa droite sur le bâton de commandement reposant sur une table où se trouvent le manteau d'hermine, la couronne de France et le sceptre. A droite, une draperie rouge. Fond de paysage.

Toile. Haut., 1 m. 25 cent.; larg., 92 cent.

BAELEN (H. VAN)
(École flamande, XVIIe siècle)

22 — *La Sainte Famille.*

Toile. Haut., 1 m. 40 cent.: larg., 1 m. 70 cent.

BISSCHOP (C.)
(École flamande, XVIIe siècle)

23 — *Sujet mythologique.*

DYCK (Attribué à PH. VAN)
(École flamande, XVIIe siècle)

24 — *Portrait de Dame.*

Toile. Haut., 60 cent.; larg., 51 cent.

FRANCK (LE VIEUX)
(École de)

25 — *Sujet religieux, entouré de guirlandes de fleurs.*

Petit tableau d'une très habile exécution.
Signé dans le médaillon central : *Den Ouden.*
Cuivre.

FRANCK (Fr.)

(École flamande, 1581-1642)

26 — *Suzanne au Bain.*

Bois. Haut., 86 cent.; larg., 1 m. 25 cent.

HEYDEN (J. Vander)

(École flamande, 1711)

27 — *Portrait d'Homme.*

A mi-corps, de trois quarts de face. Gentilhomme d'une vingtaine d'années, figure ovale, imberbe, coiffé de la longue perruque. Habit jaune, manteau rouge et bleu.

Signé à droite.

Ovale.

Bois. Haut., 54 cent.; larg., 47 cent.

HOREMANS (Jean)

(École flamande, xviie siècle)

28 — *Intérieur flamand.*

Nombreux personnages et natures mortes.

Toile. Haut., 56 cent.; larg., 45 cent.

HOREMANS (Jean)

(Ecole flamande, xviie siècle)

29 — *Intérieur de cabaret et buveurs flamands.*

Toile. Haut., 51 cent.; larg., 60 cent.

INCONNU

(École flamande, XVIIe siècle)

30 — *Portrait d'Homme en armure.*

Toile. Haut., 71 cent.; larg., 52 cent.

INCONNU

(École flamande)

31 — *Naissance du Christ.*

Toile. Haut., 1 m. 05 cent.; larg., 80 cent.

INCONNU

(École flamande, XVIIe siècle)

32 — *Le Sermon sur la montagne.*

Esquisse.

Toile. Haut., 42 cent.; larg., 33 cent.

IMPENS

(École flamande, XIXe siècle)

33 — *Soins maternels.*

Femme assise, berçant son enfant.

Toile. Haut., 80 cent.; larg., 65 cent.

JACOBS (Jacob)

(École flamande, 1861)

34 — *La Tempête.*

Toile. Haut., 74 cent.; larg., 90 cent.

JORDAENS (Attribué à Jacques)

(École flamande, XVIIe siècle)

35 — *Sujet mythologique.*

Bois. Haut., 38 cent.; larg., 31 cent.

JORDAENS (École de Jacques)

(1593-1678)

36 — *Le Peseur d'or.*

Toile. Haut., 1 m. 25 cent.; larg., 1 mètre.

JORDAENS (École de J.)

(Ecole flamande, XVIIe siècle)

37 — *Madeleine repentante.*

Toile. Haut., 70 cent.; larg., 56 cent.

JORDAENS (Attribué à Jacques)

(École flamande)

38 — *Le Jugement de Pâris.*

Cuivre. Haut., 68 cent.; larg., 85 cent.

MATHYSSENS

(École flamande, XIXe siècle)

39 — *Paysage et Chaumière.*

Signé à droite.

Toile. Haut., 43 cent.; larg., 55 cent.

MIERIS (G. VAN)

(École flamande, XVIIIe siècle)

40 — *Jeune Femme et Vieillard.*

Cadre, bois sculpté.

Bois. Haut., 20 cent.; larg., 17 cent

MICHAU (TH.)

(École flamande, XVIIIe siècle)

41 — *Paysage avec figures.*

Toile. Haut., 30 cent.; larg., 42 cent.

NETSCHER (CONSTANTIN)

(1670-1722)

42 — *Portrait d'Officier du temps de Louis XV.*

Revêtu de son armure et cravaté de dentelle, il est accoudé sur son manteau sur lequel est posé son casque.

Toile. Haut., 51 cent.; larg., 44 cent.

OS (JEAN VAN)

(École flamande, XVIIIe siècle)

43 — *Marine.*

Signé à gauche et daté.

OSTADE (École de A. VAN)

44 — *Intérieur de Cabaret.*

PEPYN (MARTIN)

(École flamande, XVIIe siècle)

45 — *La Vierge et l'Enfant Jésus.*

Bois. Haut., 60 cent.; larg., 48 cent.

RUBENS (Attribué à P.-P.)

46 — *Martyres chrétiennes.*

Esquisse.

Bois. Haut., 56 cent.; larg., 45 cent.

SCHUT (Le vieux CORNEILLE)

(École flamande, 1597-1655)

47 — *La Glorification de la Vierge.*

Esquisse.
Cadre bois sculpté.

Bois. Haut., 52 cent.; larg., 34 cent.

SCHAEP

(École flamande, XVIIIe siècle)

48 — *Marine.*

Toile. Haut., 45 cent.; larg., 60 cent.

SNAYERS (Pierre)

(École flamande, 1592-1667)

49 — *Combat de Cavalerie.*

A droite, dans un paysage, une rencontre entre cavaliers ennemis ; à l'avant-plan, gît un cheval blessé; un cavalier démonté fuit à gauche.

Cuivre. Haut., 70 cent.; larg., 87 cent.

SCHOVAERTS (Mathieu)

(École flamande, XVIIIe siècle)

50 — *Paysages avec figures.*

Bois. Haut., 24 cent.; larg., 33 cent.

SON (J. van)

(Ecole flamande, 1650-1700)

51 — *Fruits.*

Raisins, abricots, prunes, cerises, etc.

Toile. Haut., 62 cent.; larg., 54 cent.

TENIERS (École de David)

(Ecole flamande, XVIIe siècle)

52 — *Intérieur avec figures.*

TENIERS (Le Jeune)

(Ecole flamande, XVIIe siècle)

53 — *Intérieur et figures.*

Bois. Haut., 13 cent.; larg., 15 cent.

THULDEN (TH. VAN)

(1606-1676)

54 — *La Vierge et l'Enfant Jésus.*

La Vierge, en robe rouge, tient dans ses bras l'Enfant Jésus ; la tête de la Vierge s'enlève sur un ciel vigoureusement éclairé.

Toile. Haut., 1 m. 05 cent.; larg., 75 cent.

UTRECHT (A. VAN)

(Ecole flamande, 1599-1652)

55 — *Natures mortes et figure.*

Sur une table, des légumes, des fruits, des gibiers et des poissons sont groupés avec des ustensiles de cuisine, cuivres et faïences. A droite, une femme en bonnet et tablier tient dans la main gauche un chou.

Toile. Haut., 1 mètre; larg., 1 m. 30 cent.

VONCK (ÉLIAS)

(XVIIIe siècle)

56 — *Gibiers morts.*

Cadre, bois sculpté.

Bois. Haut., 75 cent.; larg., 95 cent.

VERBEECK

(École flamande, XVIIe siècle)

57 — *La Jeune Femme au Perroquet.*

Bois. Haut., 26 cent.; larg., 22 cent.

WISCH (Mathieu de)

(École flamande, 1702-1765)

58 — *Portrait de Jeune Homme, époque Louis XV.*

Il est debout, vêtu d'un habit à passements avec jabot et drapé d'un manteau rouge.

Signé à gauche et daté 1744.

Cadre, bois sculpté.

Toile. Haut., 85 cent.; larg., 66 cent.

ASSELYN (J.)

(École hollandaise, XVIIe siècle)

59 — *Paysage et figures.*

Bois. Haut., 60 cent.; larg., 72 cent.

BÉGA (Cornélis)

(École hollandaise, 1620-1664)

60 — *Intérieur. Les Joueurs de Cartes.*

Les personnages sont groupés autour d'une planche posée sur un tonneau et jouent ; l'un d'eux, debout, bourre sa pipe.

Toile. Haut., 34 cent.; larg., 45 cent.

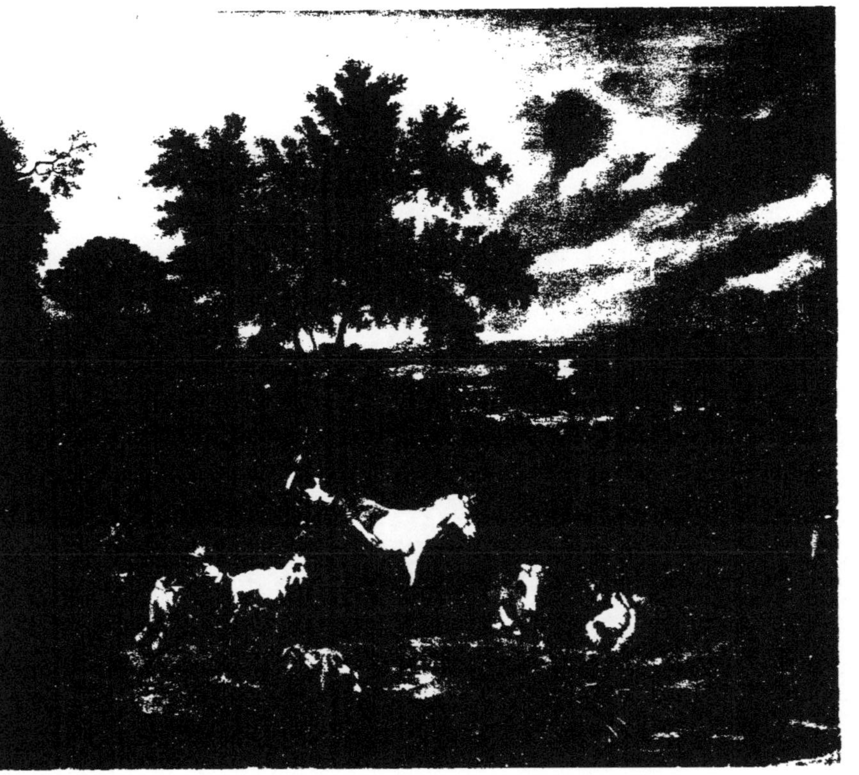

61

Phototypie Berthaud, Paris

BERCHEM (NICOLAS)

(Ecole hollandaise, 1620-1683)

61 — *Paysage avec figures et animaux.*

Site d'Italie au soleil couchant, dont les derniers rayons expirent en projetant une pâle dorure sur un bouquet d'arbres à gauche. On y remarque un jeune homme vu de dos, un berger en train de traire une chèvre blanche et une femme portant sur la tête un panier; près d'elle, se trouve un cheval blanc; plus à droite, une vache et deux moutons couchés. Au fond, à droite, sur la colline, une ruine se détache sur la verdure d'une chaîne de montagnes. Signé à gauche.

Toile. Haut., 87 cent.; larg., 1 mètre.

BERCHEM (Attribué à N.)

(Ecole hollandaise, 1620-1683)

62 — *Bœuf et Bergers devant une auberge.*

Cadre, bois sculpté.

Bois. Haut., 25 cent.; larg., 30 cent

DROOGSLOOT (JOS-CORNEILLE)

(Ecole hollandaise)

63 — *Rue de village avec nombreuses figures.*

Ciel clair.

Monogramme au milieu du terrain, daté 1654.

Bois. Haut., 60 cent.; larg., 72 cent.

FAES (Pierre-Vander)
(Dit le Chevalier LELY)
(Ecole hollandaise, 1618-1680)

64 — *Portrait d'Homme à longue perruque.*

Toile. Haut., 75 cent.; larg., 63 cent.

HOBBEMA (Attribué à M.)
(Ecole hollandaise, 1638-1709)

65 — *Paysage.*

Bois. Haut., 65 cent.; larg., 90 cent.

HOUBRAKEN (A.)
(Ecole hollandaise, 1660-1719)

66 — *La Mort de Didon, fille de Bélus, roi de Tyr.*

Monogramme en haut à droite.

Bois. Haut., 60 cent. ; larg., 70 cent.

JARDIN (Karl du)
(Ecole hollandaise, XVIIe siècle)

67 — *Satyre et Nymphes dans un paysage boisé.*

Toile, Haut., 32 cent.; larg., 28 cent.

MOLENAER (Jean)

(Ecole hollandaise, 1660-1688)

68 — *Scène champêtre.*

Dans un cabaret, au bord de l'eau, des buveurs et des commères sont réunis autour des piots; l'un d'eux pêche à la ligne.

Bois. Haut., 36 cent.; larg., 33 cent.

NEER (Van der)

(Ecole hollandaise, 1615-1685)

69 — *Marine. Effet de lune.*

Dans un paysage sillonné d'un canal, la lune se lève, éclairant à gauche un groupe d'arbres et de maisons. Au premier plan, un homme debout appuyé sur une perche. A droite, des barques.

Signé en bas à droite.

Bois. Haut., 43 cent.; larg., 56 cent.

NEER (Attribué à Van der)

(Ecole hollandaise, XVIIIe siècle)

70 — *Effet de Nuit.*

Haut., 46 cent.; larg., 58 cent.

OSTADE (A. van)

(Ecole hollandaise)

71 — *Intérieur de Cabaret.*

Au premier plan, un groupe de six personnages,

l'un des buveurs embrasse une femme, deux autres sont debout, l'un d'eux tient une cruche pendant qu'un troisième tient tête à une commère attablée devant lui. Au fond, nombreux personnages.

(Collection Van Pomeneren, de la Haye.)

PARCELLIS ou PERCELLES (Jean)

(Ecole hollandaise, 1597-1641)

72 — *Marine. Gros temps sur le Zuydersée.*

Bois. Haut., 39 cent.; larg., 64 cent.

RUISDAEL (Le Jeune)

(Attribué à JACQUES VAN)

(Ecole hollandaise † 1681)

73 — *Paysage boisé avec cours d'eau et animaux.*

Monogramme.

Bois. Haut., 45 cent.; larg., 52 cent.

SAFTLEVEN (Corneille)

(Ecole hollandaise, XVIIe siècle)

74 — *Nature morte. Ustensiles de cuisine.*

Bois. Haut., 37 cent.; larg., 49 cent.

STRY (Jacques van)

(Ecole hollandaise, 1756-1815)

75 — *Paysage avec cavalier et figure.*

Au centre du premier plan, un cavalier monté sur un cheval blanc, vu de dos, accoste une paysanne assise avec son petit garçon au bord de l'eau; près d'elle, deux cruches à lait en cuivre. Au fond, une barque et deux hommes et une rive boisée avec habitations. A gauche, l'embouchure d'un fleuve. Soleil couchant.

Toile. Haut., 75 cent.; larg., 1 mètre.

STOOP (Thierry)

(Ecole hollandaise, 1610-1686)

76 — *Halte de chasse.*

Nombreuses figures, personnages et animaux.
Cadre, bois sculpté.

Toile. Haut., 65 cent.; larg., 1 m. 15 cent

SCHALKEN (Godefroid)

(Ecole hollandaise, 1643-1706)

77 — *Le Vieux Galant.*

Signé.

Bois. Haut., 24 cent.; larg., 19 cent.

SLINGELAND (Pierre van)
(Ecole hollandaise, 1640-1691)

78 — *Intérieur avec personnages, représentant les portraits d'une famille.*

Cadre, bois sculpté.

Bois. Haut., 55 cent.; larg., 41 cent.

TERBURG (Attribué à)
(Ecole hollandaise, XVIIe siècle)

79 — *La Partie de Musique.*

Bois. Haut., 40 cent.; larg., 52 cent.

VELDE (G. van de)
(Ecole hollandaise, XVIIe siècle)

80 — *Marine.*

Bois. Haut., 30 cent.; larg., 45 cent.

RUISDAEL (Attribué à)
(Ecole hollandaise, XVIIe siècle)

81 — *Paysage et figures.*

CESARI (Joseph)
(Ecole italienne, XVIIIe siècle)

82 — *Vénus et l'Amour.*

Toile. Haut., 37 cent.; larg., 45 cent.

CARRACCI (A.)

(Ecole italienne, 1560-1609)

83 — *Le Sommeil de l'Enfant Jésus.*

Toile. Haut., 53 cent.; larg., 64 cent.

MURILLO (Attribué à ESTEBAN)

(Ecole espagnole, XVIIe siècle)

84 — *Tête d'Enfant et de Vieillard.*

ANDRIESSEN-JULIAN

(Ecole hollandaise, 1819)

85 — *Portrait de Jeune Femme.*

Bois. Haut., 47 cent.; larg., 40 cent.

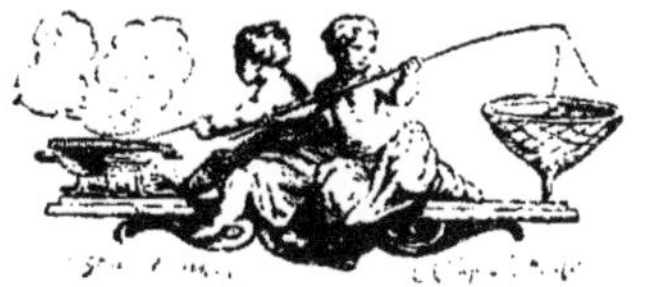

www.ingramcontent.com/pod-product-compliance
Ingram Content Group UK Ltd.
Pitfield, Milton Keynes, MK11 3LW, UK
UKHW020521180726
13839UKWH00005B/2232